食 衣 住 行 育 樂

Hi! Mihumisang 我們是布農族！

文・洪宏　圖・little Illy　翻譯・王武榮

「Mihumisang！ Kaimin hai Usaviah isihumis tu tamasaz，saikin hai Puni ！」

「Saikin hai Haisul ！」

「Naadasun mazami a kamu mapasahal mas itu Bunun siduh paliuni 〈kakaunun、pinainuk、lumah、isudadan、undu、pishasibang〉tu singkuzakuza.」

「Nitu kaupamazami, naaizang supah a Bunun muskun mapishaiap ！」

「Malsanusin aupa kamu ？ Malansana mas inam tu dapan mudan ！ Let's GO ！」

「咪呼咪嗓！大家好，我們是玉山的生命精靈，我是布妮！」

「我是海樹兒！」

「我們將帶領大家認識布農族的『食、衣、住、行、育、樂』。」

「除了我們之外，還有好多布農族人為大家介紹喔！」

「大家準備好了嗎？跟著我們的腳步走吧！ Let's GO!」

Tupa Puni tu：「ngaus hai, namapishaiap mamu mas itu Bunun tu kakaunun. Habasang tu Bunun hai malmananu munghuma masuaz mas nakaunun. mastan sahusbun tu kakaunun hai, sias maduh、acipul、utan mas tai, aizang amin a bainu、mahav、duduk、bat、sanglav.」

Tupa Haisul tu：「isia dusa suhis saba tu kaihuhuan cia, isaincia Bunun masuaz mas acipaul.」

布妮說：「首先，我們先跟大家介紹布農族的『飲食文化』。早期的布農族很努力的耕田種植食物。傳統食物以小米、玉米、番薯、芋頭為主要食物，副食則是豆類、胡椒、生薑、南瓜、野菜等等。」

海樹兒點頭說：「布農族人從以前就在高山上種小米呢。」

Tupa Puni tu：「maduh hai mastan kakaunun mas Bunun, pitaiun mapin haising, maza acipaul hai tangtangun, kaunias buhul mas savusavu maun.」

布妮說：「小米是布農族人吃最多的主食，通常會煮成飯，玉米則磨成粉狀，做成餅或粥食用。」

Maza Puni hai sadus isia Lukis tu las at tupa tu：「habasang tu Bunun hai matapul amin isia ludun tu las、sanglav、hung、kulkulaz、lili，itu Bunun amin tu kakaunun.」

Haisul hai sililis namanah tupa tu：「hanup hai itu mabananaz tu kuzkuzaun, upanahan naia mas sakut、vanis、takulsi, ispahusil mas bunun maun，maza sinhanup tu cici hai.」 Puni hai maiaupa ukuk at tupa tu：「Bunun hai dunduanis kusia ukuk tan madamu nakaunun tu iskan、kakusung mas mumuan maun.」

布妮看著樹上的野果，說：「布農族以前也會採山上的野果、野菜、蕈類、木耳、蕨類啊，這些都是布農族的食物喔。」

海樹兒做出打獵的動作，說：「打獵是布農族男生的工作！他們會狩獵山羌、野豬、野兔分享給族人。」

「Saipuk amin Bunun mas sinsinaipak tu nakaunun, aiza tulkuk、vivi、babu.」

Tupa Haisul tu：「paisnasia sangan tu sitahu, mahtu kata haiap mas itu mailantangus Bunun tu kakaunun hai，aiza sinsusuaz、cinapul、sinhanup、matiskan sinmas sinsinaipuk.」

「布農族也會到河裡撈食物，像是魚、蝦、蝸牛。他們還會飼養動物，以雞啊、鴨啊、豬啊當作食物。」布妮走到溪邊說。

海樹兒點頭，說：「我們可以知道以前布農族的飲食文化包括：農耕、採集、狩獵、漁撈、飼養等等。」

Masaingu a Haisul tu：「laupakadau tu Bunun siduh hai adu mamaunang itu habasang tu kakaunun？」

Tupa Puni tu：「a mazasain hai……natupaunang ku a hudas Aping mas Hudas Ibu.」

Macicindun tu hudas Ibu hai tupa tu：「laupakadau tu iskakaun hai makamavaivin，aupa madanuhin kata mas paz at，pazin tan kakaunun，maza itu habasang tu kakaunun hai，aizang a kakaunun laupakadau.」

Tupa a hudas Aping tu：「kusaina sia inak tu pipitaian, namapitia sakin mapatanam mamu.」

海樹兒好奇的問：「那現在的布農族人還會吃以前的食物嗎？」

布妮說：「這個嘛……我來請教阿炳阿嬤跟伊布阿嬤。」

在織布的伊布阿嬤說：「現在的飲食習慣已經有一些改變，因為我們種水稻後，都以稻米為主食，不過以前的食物，我們現在還有吃喔。」

阿炳阿嬤說：「來我的廚房，我來煮給你們嚐一嚐。」

Hudas Aping mas hudas Ibu isia pipitaian inanat sia pangkaka hai：sanglavhudu、halidang、acipal.

Tupa hudas Ibu tu：「adu haiap kamu mas itu Bunun makitvaivi sia kakaunun tu iskuzakuza ？Tupaun tu mapahusil ha ？」

阿炳阿嬤跟伊布阿嬤在廚房煮了一桌菜，有龍葵湯、樹豆排骨湯、煮玉米。

海樹兒開心的說：「好香喔！這些食物在都市裡都不容易吃到。」

伊布阿嬤問：「你們知道布農族有一個特殊的飲食文化，叫做『分食』嗎？」

Sidaza Puni mas ima tupatu：「haiap saikin, mapataz babu mapahusil hai is Bunun maisi habas tu isihumis, mapakasia mapahusil mas taisan, sintupa tu mapasahal mapakasial tu taisan, muskun manaskal sin tauhumis.」

布妮舉手，「我知道！殺豬分食是布農族重要的傳統生活。布農族與親友共享豬肉，表示認同彼此的友好關係，也是分享彼此的喜悅與祝福。」

Tupa hudas Aping tu：「kata Bunun mais mapatunghal anis mapasiza hai, asa tu aiza a babuan, iskusia mapakaun mas taisisan.」

阿炳阿嬤說：「在布農族的社會文化中，訂婚或結婚，豬是必備的聘禮之一，用來宴請親朋好友。」

Tupa hudas Ibu tu：「aizang mais taunasia malahtangia hai，mapahuhusil aimn mas kakaunun sia maitastulumah，mais mapahusil hai, saivan amin mas iskuzakuza, maza minsuma tu taisan hai，kanaanak amin mindangaz，mabananaz a mapataz mabukbuk mas babu，at maluspingaz hai maanat，aminun mapin tastungula tu vus mapitia，pistahu mas kanaskalun tu sinkuzakuza.

伊布阿嬤說：「布農族射耳祭的時候，也會分食給自己的家族。分食的時候，布農族人會分工，親朋好友也會主動幫忙，由男生殺豬、女生烹煮，煮成大鍋湯分食，宣告喜訊。」

Tupa hudas Ibu tu：「laupakadau isia Bunun tu asang hai mahtuang usaduan masatu mas mapataz babu tu iskuzakuza，mais aiza sia lumah a pinanauaz namapadangi hai，maza tastulumah tu mabananaz malupingaz，madadaingaz uvavaaz hai muskun amin paindangaz.」

伊布阿嬤說：「現在布農族部落裡，還可以看到送豬和殺豬的習俗。當家族中的女孩子準備結婚，所有成員都會一起幫忙，男男女女、老老少少全都會聚在一起呢。」

Tupa hudas Aping tu：「Bunun tu masatu mapataz babu tu iskuzakuza hai, masa habasang aupa kauman a babuan, tudip mais lusan hai mapataz babu.」

Manaskal a Haisul tupa tu：「maza Bunun hai mastan mazima mapaklang mas cici, lalakaua hai mahtu amin mapaklang mas cici.」

Maszang amin a Puni manaskal tupa tu：「mais mapaklang mas cici hai, mahtu minmapakadaidaz.」

阿炳阿嬤說：「布農族以前送豬、殺豬的分享習俗，現在只有在特別節日才會殺豬、送豬。」

海樹兒開心的說：「除了分食，布農族最喜歡烤肉了！不管什麼時候都可以烤肉。」

布妮也開心的說：「烤肉還可以增加感情交流喔。」

酒

Maza Puni mas Haisul hai masiaupa sia hudas Aping，hudas Ibu pisuhdung manuninang naicia. Tatau a madadaingaz hai mangit antala，Bunun siduh hai haiap itu madaingaz mas uvavazaz tu sinnanava.

Masiaupa a Haisul mas Puni tupa tu：「muhnin hai namazin imita asaun sahal itu Bunun tu iskuzakuza i ？」

Naia hai mangit tupa tu：「namuskun kata muhna sadu, inahai kata.」

布妮與海樹兒對阿炳阿嬤、伊布阿嬤鞠躬道謝，兩位阿嬤也微笑點頭。布農族非常遵循長幼有序的禮教。

海樹兒說：「接下來，我們要認識布農族什麼文化呢？」

布妮笑著說：「讓我們繼續看下去吧！Let's GO！」

Tupa Puni tu：「laupakadau hai natahu mas mastan kazimaun ku tu pinainuk tu hansiap.」

Tupa Haisul tu：「maluvaivin saikin mas ulus，saduavi，maza painukan kuan hai itu Bunun mabananaz habasang tu pinainuk.」

布妮說：「現在要跟大家介紹我最喜歡的『服飾文化』了。」

海樹兒說：「我已經換上衣服了，大家看，我穿的就是布農族男性傳統的穿著。」

Tuhnang Hasul tupa tu：「Bunun siduh tu mabananaz hai，aiza dusa a painukun tu ulus，tasa hai maduhlas a patas，pakaapavun ukan mas pakiman at madaulu tu mahaiav， mantansia iku hai aiza manauaz tu cinindun，tanangaus hai ukas amuzi，maza itu ulus tu kaidauluan hai，aiza sausia cibuklav，aiza sausia mantandazas malung，pakangadahun a kuling mas tapis，mais lusan hai maupacia pinainuk.」

海樹兒繼續說：「布農族男生有兩種服飾，一種是以白色為底，無袖的兩片長褂，在背後織上美麗花紋，胸部敞開，長度到腹部為背心，如果到膝蓋就是長袍，在搭配胸袋及遮陰布，主要在祭典時穿著。」

Tupa Haisul tu：「aizang tasa madaulu pakiman tu ulus, matahdung mas masanglav a patas, ungat mainuk mas matahdung maputul tu tunilan.」

Tupa Puni tu：「nibin a mabananaz mainuk mas sisvahun i？」

Antalam a Haisul tu：「habasang Bunun tu mabananaz hai ukan mas sisvahun，kaz midaz makuuni tapis mapaia, saia tu tapis hai masubangkal，makutanaskaun maiaupa tanavili ainunuan a pacishutan maluhus，cisuni mais hanup anis pasanpanah hai，namahtu mabiskav taulushulushu，mahtu macinsu masinap mas takismut，aipincin hai，isdaukdaukin uvaivas maputul at matahdung tu tunilan.」

海樹兒說：「另外一種是以黑色跟藍色為底的長袖上衣，搭配黑色短裙。」

布妮問：「男生都沒有穿褲子嗎？」

海樹兒說：「早期布農族男性沒有褲子的設計，是用遮陰布，是一塊長九十公分的正方形布。穿著時，由右向左圍繞在腰部，兩邊各有繫帶用以固定。這是為了在狩獵或打戰時，行動能夠靈巧、敏捷，好應付突發狀況，也方便追趕奔馳的獵物。後來逐漸改成黑色短裙。」

Muhnang a Haisul tupa tu：「mathaulus kata sia huthut mais cipulun masubangkal tu kuling, mahtu padangian mas kamaikit tu mazmaz, habasang mais pasanpanah mas hanup hai, aiza mapungadah sia kulingcia mas suhnung. Mais mapahusil mas maibabu hai, mahtu amin a kulingan padangian mas cici. Bunun siduh mabananaz tu pinainuk hai aiza mapakangadah mainuk mas madanghas patas tu ulus, haitu nitu sintupa tu mahtu amin a mabananaz mainuk madanghas tu ulustan, kaupa mas maikavas bungu, maipataz vanis mas sidi tu istamasazan a mahtu mainuk, aupa maza mainuk madanghas tu ulusan hai, sintupa tu mastan istamasazan.」

海樹兒繼續介紹：「我們從脖子掛一個方形斜摺的胸袋，可以放一些小東西。早期打仗跟打獵的時候是放小匕首，有時分豬肉，也會把豬肉往胸袋裡放。也有些布農族男生穿著紅色衣服，但不是每一個人都可以穿紅色衣服，只有獵取過人頭、山豬、山鹿的英雄才可以穿；穿紅衣是表示英勇的意思。」

Tupa Puni tu：「maluvaiv amin saikin mas itu Bunun siduh habasang tu pinainuktan, natahu saikin inak tu pinainuk, habasang Bunun tu maluspingaz a ulus hai mastan kiunian mas liv macindun, masa aipincin tu aizin a mua hai, lahalavanin a liv mas mua tan, paiskatudipin makusia mua matahis minpinainuk. Maza itu maluspingaz a ulus hai madaulu pakiman, kantansisila sia ulus hai tahaisan mas manauaz tu haningu, maza tunilan hai sias maitasa tu mahaiav siainunun minsia, kaidauluan hai sausia mantanastu mas malung, isia pankanahtungan hai tahaisan mas kaviaz tu haningu, ungat tahaisan mas supah manauaz maazumu tu kaiunian.」

布妮說：「我也換上布農族女生傳統的服飾。我來介紹我的穿著。以前布農族女生的服飾是以苧麻為原料，棉布出現後，逐漸取代苧麻，開始用棉布縫製衣服。布農族女生的上身為短衣長袖，衣邊繡有花紋，下身圍繞一圈半的圍裙，長及小腿處，底層繡有百步蛇花紋的花邊，會有很多種綴珠懸掛。」

Tupa Puni tu：「Maza itu maluspingaz a ulus tu patas hai, sias masanglav mas matahdung tu mahaiav, tahaisan mas madiav, madanghas, matahdung, makamatahdung patas tu cinahis. Mais islusan tu pinainuk hai matus tu sias maduhlas patas tu mahaiav, ungat tahaisan mas matangsi tu haningu, tahaisun mapin masubangkal maishai sankaku tu sintahis.」

布妮說：「布農族女生的服裝顏色以藍布或黑布為底色，而服裝上的織紋較多用黃、紅、黑、紫四色交互搭配成條紋。另外，主要在祭典上穿著的傳統衣飾，普遍以白色為底，而且圖紋以直條人字紋為主，服飾上的花紋有三角紋、條紋、菱形紋及方格紋。」

Tupa Puni tu：「aupa maza Bunun siduh tu dangian mihumis haii, maisnasia Nantu, Kalingku, Taitu, Takau sikaupa tu ludun, pahasia maza pinainukan hai, nitu mamaszang. isia Nantu tu ulus pinainuk hai makamalan habasang, takisia Taitu mas Takau itu maluspingaz a pinainuk hai makaulan mas Laipunuk sin Paiuan tu pinaiuk, ungat maza takisia Kalingku maluspingaz tu pinainuk hai, makamaszang taki Nantu tu matahdung a patas. Cisuni minvaivin a isihumis mas dangian tu dalahin, itu Bunun siduh maluspingaz tu pinainuk hai makinsupahin amin, haitui mais paluszangun a Bunun siduh tu pinainuk mas duma vaivi siduh tu pinainuk hai, mahtu tupaun tu mastan nitu mahalab.」

布妮說：「布農族人的生活區域橫跨南投、花蓮、臺東、高雄的廣大山地，所以在服飾的表現上，每個地方呈現了不同的風格。南投地區的服飾較傳統，臺東、高雄地區的布農族女性服飾，多受鄰近魯凱、排灣族的服裝影響，花蓮地區的布農族女性服飾則是偏向南投的黑色服裝。隨著時代跟環境變遷，布農族女生服飾的顏色也更加變化多端。但是布農族服飾在所有原住民的服飾中，可以說是最樸素的。」

Tukinuzin a Hail mas Puni tu:「laupakadau tu Bunun siduh tu pinainukan hai itu laupakadau tu pinainuk, nitu mapavaz mas duma tu minihumis, tudip mais nalusan anis namapishaiap anakanak tu siduh hai painukanin mas tupaun tu Bununtuza tu pinainuk.」

海樹兒跟布妮最後說：「現在布農族人都穿現代化服裝，和社會大眾沒有差別。平常如果要穿傳統服飾，通常是祭典表演時，或是需要表達布農族身分的場合，才會穿傳統的服飾。」

Maciduldul a Puni sia kaiunias maszang bakal tu batu kaiuni tu lumah, tupa tu：「muskun a kata sadu mas itu Bunun tu lumah tu hansiap. ingkasia kata habasdaingaz tu lumah mapistahu.」

Tupa Haisul tu：「mais saduan a lumahan hai, kiunian amin mas batu mahatul, kabin kaz batutan a iskalumah i?」

Antalam a Puni tu：「maza iskusia kalumah hai, nitu kaupa mas maszangbakal tu batu, aizang a lukis, liah mas huaz.」

布妮站在一間石板屋前，說：「讓我們來看看布農族的『住屋文化』。我們從布農族以前的房子介紹。」

海樹兒問：「看起來都是用石頭推砌出來的，只有石頭建材嗎？」

布妮說：「建築的材料除了有板岩，還有木材、茅草、籐皮。」

Tupa Puni tu：「itu Bunun a lumah hai masudaulu amin, maza sinbalung hai makusia manisbis tu batu mahatul, batu mas batu tu mishang hai uka ispataupdat, kadazun maupacia mahatul, maku lukis minuni lumah tu hau, tatavi hai makuuni liah masutavi, aiza makuuni maszang bakal tu batu mintatavi.」

布妮說：「布農族的房子都是長方形的家屋，四面牆壁選用扁平的石片，一塊一塊疊成的，中間的接縫沒有糊什麼，就這樣疊上去，梁柱用木頭架設，有的屋頂會使用茅草鋪設，有的則是用頁岩做屋瓦。」

Sadu a Haisul tu aiza kailumahan hai mantansia kalapatan, at makuang a isang tupa tu ：「mavia tu aiza lumah a pisainun sia silas vahlas tu kalapatan kalumah tu, mais saaupancin hai kacibcibun kapisingun.」

Antalam a Puni tu：「napakasainun ta sia makubatu kailumah tu hudas Anu tahu maita.」

Painukas ulus Bunun tu hudas Anu hai tahu tu：「mailantangus tu Bunun hai isia kapisingun tu ludun mas maka kabukzavan cia mihumis, cisuni napalkapataz mas vaivi siduh minihumis tu kanasang, pakai kamanuan a lumah mapisian sia kapisingun tu kalapatan mas silas vahlas kalumah， maza pais hai nitu madu muaisku.」

海樹兒看到有的住屋在山崖上，擔憂的說：「這種房子怎麼蓋在溪谷旁邊，看起來很危險喔。」

布妮說：「我們請有蓋過石板屋的阿努阿公幫我們介紹。」

穿著布農族服飾的阿努阿公說：「布農族早期都居住在險峻的山腹或臺地。因為要抵抗外力，以前原住民之間都會有衝突，所以我們蓋房子都選在地勢險峻、靠近溪谷或是斷崖之上，很多敵人都不敢靠近。」

Kungadah a naia sia kaiunias maszang bakal tu batu tu lumah cia.

他們走進一間布農族的石板屋。

Hudas Anu hai pishaiap mas ingadah tu kaiunian：「itu Bunun siduh lumah tu ngadah hai, makuuni batakan malunghais , ungat pintaun mapavaz. Maldusa mantansisila hai itu tama cina mas talnahtungin bunun tu sapalan, aupa aizan naia mas mamangan tu taiklas mas kapanun tu tamasaz, mahtu saipuk mas tastu lumah tu bunun.」

阿努阿公介紹環境：「布農族的房子會用竹牆隔出室內空間，空間有三大部分：兩側是父母及成年人的臥室，因為他們擁有勇士的技巧和強大的力量，可以保護家庭成員的生命安全。」

Maiaupa naia sia lumah tu manmishang cia, tupa hudas Anu tu ：「lumah tu mishangan hai manasnas tu mabukzavan, ituskun mas tastulumah bunun tu dangian. 」

他們走到屋子的中央，阿努阿公說：「正中央是客廳，也是全家人共同的生活空間。」

「Kaupakaupa kaibatuan tu kailumahan hai aizan amin mas baning. maza Bunun siduh hai sahusbu mas lumah tu baning tan.Maza baningan hai pisainun sia lumah tu mantantanaskaun tu sikvin mais hai mantanaskaun mas mantanavili aiza amin a baning, mantanaskaun a baning an hai ispitia nakaunun mas tastulumah, at mantanavili tu baningan hai iskusia mais sikaupa tu lusan.」

「每個石板屋都會有爐灶，布農族人很重視家屋中的爐灶。爐灶會設置在門內右側牆角或左右兩側，通常右邊的爐灶用來炊煮人吃的食物，左邊的爐灶用於祭儀。」

「Itu Bunun a lumah hai, aizan amin mas pacilasan, ungat aiza madaing tu sapalan, asabahan mas maisna dahvian tantungu tu pantasanun maishai kapai tu hanian masabah tu kaviaz.Maza itu Bunun siduh a lumah hai, mahtu dangian masan tu mutda tu bunun, musasu padaimpusun kapai tu paisanan mas maduh sinmas duma tu nakaunun, mazkai asa tu pihtun mapidaing mais kalumah.」

「布農族的住屋都會有米倉架，架上與地面會擺設一個大通鋪，那是留給遠方親戚或朋友暫時居住的地方。布農族的一棟房子都要容納幾十人，又要存放數年的小米跟食物，所以房子要蓋得很大。」

「Mavia a itu Bunun siduh a lumah tu ukan mas siul tu? Ungat mavia mais saduan hai makanisnis a lumah an tu ?」

Tahuan mas hudas Anu tu ：「kauman a siul mas makanisnis tu lumah hai, cisuni malunghais mas takilibus minihumis mas pais tu nakanasang.Musasu tu kiunias manisbis batu tu lumah an hai, aizan mas sinnava tu mais nakungadah sia lumah hai asa tu makisuhdung, palisuni sain mas sinpisuhdung matumashing madadaingaz kalumah tu inihdian.」

Tupa Puni tu ：「cisuni Bunun siduh hai palatungtunbas vivi siduh tu isihumis, maza imita tu isihumis hai isdaukdauk tu isvain, kalumah tu iskuzakuza mas iskusisia hai lauvaivanin mas ngula sin simintu tan.」

海樹兒問：「為什麼布農族的房子都沒有窗戶，也比較矮？」

阿努阿公解釋：「窗戶少，屋體低矮又封閉，是為了防止野獸與敵人的發現與闖入。而且傳統的石板屋對布農族來說有倫理的觀念，像是屋架低、讓人需要彎腰進屋，這是象徵著對祖先蓋房子的辛勞表示尊敬。」

布妮說：「布農族因為不斷受到外來文化的衝擊，因此文化形貌日漸消失中，建築住屋的材料已被鋼筋水泥所取代。」

Masus a Haisul tupa tu：「anatupa tu laupakadau tu Bunun siduh nin isia kaiunias batu tu lumah, haitu isia asang tu sinbalung hai aiza kaiunias batu matungtung tu palihabasan, mapalaiza itu Bunun siduh tu isihumis sia laupakadau tu tusa.

海樹兒補充：「雖然現在布農族人沒有居住在石板屋，但部落的牆壁也會刻劃神話故事的浮雕，讓生活融入布農族文化喔。」

Masiaupa hudas Anu cia Puni mas Anu a pisuhdung matumashing tu mapihaiap naicia Bunun siduh kalumah mas dangian tu hansiap.

布妮跟海樹兒跟阿努阿公道謝，讓他們認識布農族住屋的環境和意義。

「Kanahtungin pistahu mas Bunun siduh lumah tu hansiap, laupakadau hai namuskun kata sahal mas itu Bunun siduh isudadan tu hansiap.」

「Paliuni mas isudadan tu tundazan hai mamantuk tu ukan kaimin palisaitan tu hansiap.」

「Napakasainun ta mas isia tangadah lukis sasadu patasan tu Bunun siduh tu mainduduaz Sai mapatahus maita」

Daimpusus Sai a patasan at tupa tu ：「ung, bainahai! naadasun ku kamu mapishaiap.」

「介紹完了布農族的住屋，我們一起認識布農族的『交通文化』吧！」

「說到交通，我們兩個實在沒辦法帶大家認識！」

「我們請在樹下讀書的布農族青年賽思，來跟我們分享吧！」

賽思收起書本，說：「好，我來帶你們來認識！走吧！」

「Bunun siduh habasang hai takisia ludun daingaz mihumis, masukalapatan kapisingun, uka masial a lahaiban tu dan, mazkai habasang tu Bunun isudadan hai sias bantastan.」

「布農族以前都住在高山，到處是險坡峻谷，交通困難，所以布農族以前就是靠著一雙腳走出來。」

Tupa Puni tu ：「kanbantas mudadan hai, adu aizan a Bunun siduh mas makitvaivi tu dan? Maszang mas lahahaiban bunun tu dan ?」

布妮問：「既然都是靠腳走路，那布農族有什麼特殊的路嗎？像是行人道路之類的？」

「 Habasang tu Bunun siduh hai aizan mas itu hahanup lahaiban tu dan, itu siduh lahaiban tu dan, aiza amin kusia huma lahaiban tu dan. 」

「布農族早期有獵路、社路跟田路！」

Taaza a Haisul at macinsu tupa tu ：「maza ishahanup tu dan hai adu sias hahanup bunun tu dan?」

「Mamantuk isu sintupa! Maza ishahanup tu dan hai sias hanup tu bunun mahun ismut mauman batu tu kaidanan, makuis tu dan, midaz mahtu tacini mais hai dadusa a bunun lahaib, aiza a kaicihainan bantas lahaib. Maza danhuma hai maiaupa sia huma tu dankuis.」

海樹兒一聽，馬上問：「獵路是獵人走的路？」

「你說對了！獵路是獵人斬草移石做出來的，路面狹窄，每次只能一個人或兩個人通行，有的甚至要用單隻腳通行。至於田路，就是通往耕作農田的小路。」

「Ungat mazbina tupaun tu siduh tu dan i?」

Tupa Sai tu ：「Habasang takisilazan tu asang hai tupaun tu siduh, maza tupaun tu siduh tu dan hai sias tasa siduh mas tasa siduh lahaiban tu dan, maza sain tu dan hai, nitu mangabzan, aiza kaz kaupa tacini bunun tu lahaiban.」

「那社路是什麼路？」

賽思說：「以前原住民部落的名稱叫作『社』，社路就是社與社之間的路，通常都不是很寬，有的只能一個人通過。」

Tupa Haisul tu：「mazkai ukan a Bunun siduh mas lailai tu tundazan, namikua mais lahaib sia vahlas? Adu aiza atal?」

海樹兒說：「所以布農族不會有牛車或馬車來代步。那怎麼過河呢？有橋嗎？」

Antalam a Sai tu：「 aiza atal! Aupa katsia Bunun siduh sia masuludun mas supahas vahlas a dangian, cismaupacia maza atal hai minunin mas nakuisaisa nitu mahtu uka tu kaiunian. Maszang kaiunian mas lukis kauni tu atal, kamidaz tacini bunun lahaib tu atal, makuuni singhaili mastabal mahulpiah tu lukis palsuhsuhun pintultul sia vahlas cia.」

賽思說：「有喔！因為布農族都居住在深山又多水的地區，所以橋就成為我們通往各地不可缺少的『工具』。像是布農族都走木橋過河，而且多為獨木橋，用刀砍削大樹，再架在溪流兩岸。」

「Aizang a kaiunias batakan tu atal, maupatan tu atal hai mastan pisainun sia mantanastu tu vahlas kauni, mais isia ihuhu tu ludun hai maku valuhupiah mas huaz kauni atal vakal.」

「tudip hai nitu maszang laupakadau tu masial, mahtu kuisaisa, habasang Bunun tu siduh mas siduh tu kaidahvian hai tasa tu ludun mas tasa tu ludun tu dahda.」

「還有竹橋，主要架在比較低的溪谷。在深谷，就會使用籐索來架吊橋。」

「以前沒有現在這麼發達，想去哪裡都很方便，傳統的布農族家族之間，空間距離往往約是走一個山頭的距離。」

Tupa Sai tu：「maza habasang tu Bunun hai mananam muhahaiv sia ludundaingaz tantutungu sia duma asang tu pantasanun.Maza Bunun siduh hai mahtu isia ludun kanbantas mudadan tu talpia tu hanian, lahaib sia ludunludun kusia ulumahun tu asang cia tantungu.」

賽思說：「布農族經常翻山越嶺前往其他部落拜訪親朋好友，也會走好幾天的山路，到有姻親關係的部落拜訪。」

「Makubantas mudadan? Istamasazan tu.」

「Cisuni tu haiapun naicia nalahaiban tu dan at dangian matamasaz tu lubu.Anatupa tu namakasia ludundaingaz muhaiv, haitu, maza Bunun siduh kadan tu iniliskinan hai kilim mas mastan aiskuan tu lahaiban, masunghuan tu dan mas nitu katsialan lahaiban hai nitu iliskinun naicia.」

「都是用走的？好厲害喔！」

「那是因為他們很熟悉路線，又有極強的活動力。雖然要翻山越嶺，不過布農族人開路的考量都在尋求最短距離，道路的坡度跟路面的顛簸則不在他們的考量之內。」

Tupa Sai tu：「kanbantas mudadan tu inihumisan hai tasbananin, laupakadau hai cisuvaivanin tun utubai mas pautpaut.」

賽思說：「徒步已經是過去式了，現在都靠汽車跟機車來代步！」

Pisuhdungun Puni cia Sai tu ：「uninang Sai, mapishaiap mazami mas itu Bunun siduh isudadan tu hansiap.

Laupakadau hai napistahu kaimin mas duma tu hansiap, malansana mas inam tu dapan tan.」

布妮跟海樹兒道謝：「謝謝賽思，讓我們認識很多布農族的交通！」

「現在我們要介紹下一個故事了，大家繼續跟著我們腳步吧！」

「Laupakadau hai namapishaiap mas itu Bunun siduh isnanava tu hansiap !」

「Maisi habasdaingaz nau a Bunun siduh tu aizan mas masnava mailalangna tu iniliskinan, kahabasang tu isnanava hai maku ngulus mas kinukuzan masnava.」

「Adu aiza masnanava masnava?」

「Tama cina mas madadaingaz hai mastan masial tu masnanava. Tuzatu isia Bunun siduh tu isihumis hai uka pasnanavan, haitu aizan mas makitvaivi tu isnanava.」

「現在要讓大家認識布農族的『教育文化』！」

「布農族自古就有教育下一代的觀念，早期的教育都是靠口說與身教。」

「有老師講課嗎？」

「父母跟長輩就是最好的老師。雖然布農族的傳統生活中沒有學校，但有獨特的教育方式。」

Tupa Puni tu：「napakasainun ta sia hudas Savi tahu maita.」

Tupa hudas Savi tu ：「habasang itu Bunun siduh a isnanava hai sia "tailaian" tan kanadan.」

「Itu Bunun siduh habasang tu laituzan hai aiza nitu mahtu saduan haitu aizan mas tamasaz saipuk sikaupa iapavtan tupaun tu "Dihanin"!」

「Mazbina Dihanin i?」

布妮說：「我們請莎妃阿嬤帶我們認識。」

莎妃阿嬤說：「傳統布農族有以『品德』為主軸教育觀。」

「布農族以前的信仰包括人接觸不到但具有掌控大自然的『Dihanin』！」

「Dihanin是什麼？」

「Maza "Dihanin" hai sias isia dihanin tu sasbinaz, saipuk mas iviv, bilva, hudan, musasu tu sasadus bunun tu inihumisan, pahasia Bunun siduh hai kaupakaupa masnanava mahasam tu katu kuzakuza mas kuang, aupai nasaduan mas Dihanin.」

「Dihanin 是天神的意思。天神除了掌控大自然中的風、雷、雨等，也監視人的一言一行，所以布農族人常常勸導人不能做壞事，因為天神看得到。」

「Dihanin hai malashut mas sial, maza kuzakuza mas kuang tu bunun hai, napinsahtun saia Dihanin mapalangkatu mas supah at nitu iska tu inihdian.」

「天神守護道德，對於做壞事的人，天神會將惡運降臨到壞人身上。」

「Bunun siduh tu tama cina hai dangian mas iskuzakuza sia masunu uvavaz laituzan, inihumisan tu samu, inihumisan tu taiklas, sinmas masnava hanup tu hansiap, mastan tu iskuzakuza hai saipukun a uvavaz mahtu malsisial talia.」

Tupa Haisul tu : 「cismaupacia aupa a Bunun siduh sahusbu mas isia lumah tu ispasnava ?」

「Ung! Tama cina hai mastan masial tu masnanava, maszang mais hanup a tama hai, maza cina hai nitu siskuav mas uvavaz, alhaipun masnanava.」

「布農族的父母有傳遞信仰、自然觀、生活禁忌、生活智慧，以及教導狩獵等等技能的責任，最重要的責任是保護子女平安長大。」

海樹兒問道：「所以布農族很重視家庭教育？」

「是啊！父母是最好的老師。像是布農族打獵、出門在外時，母親往往跟孩子形影不離，以便就近照顧與教導。」

「Itu Bunun siduh a palihabasan, samu mas huzas hai iskusia amin masnava Bunun siduh tu singkuzakuza. Bunun siduh tu huzas hai mapishaiap tudip tu isihumis, aiza sia huzas a mapishaiap uvavaz tu malisvala pishasibang, aiza amin sia huzas a mapishaiap uvavaz tu cisama itu tastulumah tu iskuzakuza at malmihdi, mais hai mapishaiap itu uvavaz uasan uhaiapan tu isang」

「布農族的傳說故事、禁忌以及歌謠中，也是教育布農族文化的方式。布農族的歌謠也反應生活寫照，從歌謠中，有些是描述小孩在大自然中自由自在的玩耍，有些則反映兒童負擔家務的辛苦，或是表現兒童的好奇心。」

「Anatupa tu kanasia palihabasan, samu mais hai huzas tan sadu, maza Bunun siduh hai sahusbu mas uvavaz, sahusbu amin mas maluskun uvavaz sinmas mapasnava. Bunun siduh tu isnanava hai kastanan sahusbu a masial tu talian, isia palihabasan ngadah hai mastan makuuni nitu masial tu singkuzakuza mahasam mas uvavaz tu maz a nitu mahtu kuzkuzau. Maszang ana taiinsun mas mahasmav, sianisnis tu tailian hai, masnava tahu mas uvavaz tu mais makasa hai naaiza sinpinsahtu mahasam masnava uvavaz tu katu maupacia kuzakuza.」

「無論從故事、禁忌或是歌謠來看，布農族很重視孩子，也重視親子的互動與學習。布農族的教育非常重視善的德行，通常是採用反面教材來告誡子女什麼事不能做。例如族人推崇勤勞、謙卑的德行，但會用『偷懶會遭到報應』的方式來教導孩子。」

Puni mas Haisul hai manuninang mas hudas Savi tupa tu：「unindaingazang hudas Savi maadas mazami mapasahal itu Bunun siduh tu isnanava.」

Manuninang amin mamu mihdi madas maita mapasahal Bunun siduh tu isihumis.

布妮跟海樹兒對著莎妃阿嬤道謝：「謝謝莎妃阿嬤帶我們認識了布農族的教育！」

「也辛苦你們兩個一路帶大家認識布農族文化。」

Tupa Haisul tu :「kinuzin inam naispishaiap hai sia mas Bunun ispahahainan tu hansiap.」

Tupa Puni tu :「maza ispahahainan hai aiza cisuni mas naiskusia mihumis musasu minuni tailia tu hansiap, aupai habasang tu Bunun siduh maisi uvaz hai asatu isnavan mapintamasaz tu isnanava, haitu maza sain tu isnanava mapakasia itu uvaz tu sinpishasibang minaiza, maszang mas tunluludun, malalavi mas tama cina kusia huma mais hai maiaupa hanupan hai kanbantas mudadan mais hai cisdadan, nitu haiaphaiap hai uaizanin ailsasan mas kaitamasazan.」

Tupa Haisul tu：「Mais hai maisnasia ihuhuan macidaungkul isnangadah sia danum, mapakitun hai cisuni mapinaia mas mamangan tu ukas taipisingan, makuuni batu labatu mas nalabatuan tu paishalan, mapinaia mas uvavaz ima tu tamasaz, ungat maza busul mas busulkavian hai ispinaia mas ishanup tu taiklas hansiap.」

海樹兒說：「我們最後要分享的是布農族的『娛樂文化』。」

布妮說：「布農族有些娛樂是為了適應生活環境及培養成年後所需要的謀生能力，因為以前布農族人從小就要進行體能或技能的訓練。但這些訓練不是特地進行喔！多以童玩或遊戲的方式存在，例如：爬山，在跟隨父母前往農地或獵場時以步行或跑步方式進行，無形中即鍛練了耐力與體力。」

海樹兒說：「或是自高處跳水而下；摔角以培養其膽量及勇氣；用石頭丟擲目標物以培養小孩的臂力；使用空氣槍或射箭訓練來累積打獵的技巧。」

Malkauni a Haisul mas huvias at tupa tu :「maza Bunun siduh tu mabananaz mais isia kanahtung minpinang mas manatu tu ailuan hai, maza ispishasibang hai sia huvias tan, makuuni itu huna tu pait maludah mas huviascia pabiskavun mapishaizungzung, sintupa tu sanmahtuang a maduhan maszang mas huviastan tu pishaivusvus tu mabiskav taldaing.」

海樹兒打著陀螺，說：「布農族男子在播種與除草完畢的農閒時期，休閒娛樂就是打陀螺，玩法是用樹皮抽打陀螺旋轉，愈快愈好，用意在於祈禱小米成長的速度就像陀螺旋轉一樣快。」

Itu Bunun siduh a ispishasibang hai mastan mas mapasavai kaitamasazan tu ispishasibang, maszang mas cisama mahusbu tu haimangsut, mapakitun, mapasavai kudadaza sia lukis, maza madadaingaz mas uvavaz hai ingadah sia libus mapasinap patunghahabin, kilim haimangsut tu ispishasibang.

布農族人的休閒娛樂多數是爭勝鬥強的娛樂，例如背載重物、摔角、比賽爬樹等。大人也會和小孩子在山林中互相追逐、捉迷藏、尋寶遊戲。

Malanuhua hudas Savi sia hudas Aping mas hudas Ibu tu sisila, sasadu naicia macicidun, at tupa tu：「itu maluspingaz tu ispishasibang hai makanitu taulushulushu, kaz aizan amin mas ispasasavai, maszang mapasavai tu isima a cinindun mastan masial at mabiskav kanahdungan, minuni amin sian mas ispacicislut hansiap tu iskuzakuza.」

莎妃阿嬤坐在阿炳阿嬤跟伊布阿嬤旁邊，一面看她們織布，一面說：「有一些女生的娛樂就比較靜態，但也不離競爭的本質，例如比賽織布誰織得好、織得快，無形中也促進彼此成長。」

樂

「Mastan masial tu ispishasibang hai sias lushahaia tan.」 Malanuhua Puni sia lushahaian cia.「Bunun siduh mais pankanahtung a isunghuhuma iskuzakuza tu ailuan hai, mapahainan mas lushahaian tan, anatupa tu mabananaz maluspingaz, anis madadaingaz mas uvavaz hai mahansiap amin lushahaia, lushahaian hai mastan masial mais sauhuhu, sintupa tu sanmahtuang a tastu lumah sin maduh tu talia hai maszang mas sinlushaia tu maidaza minmasial tu talia.」

「當然最好玩就是盪鞦韆！」布妮坐在鞦韆上，「布農族農耕休息時會盪鞦韆，無論是男女老幼都會玩，鞦韆要盪得愈高愈好，這樣的活動有祈禱小米的成長如盪鞦韆一樣，愈盪愈高的發展、成長就愈好。」

Nitu kaupa mas makuuni lutbu bizakbizak tu ispishasibang, Bunun siduh hai aizang a taaza madadaingaz palihabasan hai mahtu amin tupaun tu ispishasibang.

Tupa hudas Anu tu :「habasang tu Bunun siduh hai mastan mazima taaza mas palihabasan, maza uvavaz hai malanuhu sia madadaingaz bantas tu andinglan taaza tasatasa tu palihabasan.」

Hudas Savi hai tahu tu :「habasang isia ludun uvavaz hai malvasvas, cisuni palihabasan cin uvavaz hai nitu mahtu mimitmang mazamazav, mazkai nitu masmuav tu supah a ispishasibang, mastanis taaza madadaingaz palihabasan.」

除了運用身體活動的娛樂，聽長輩說故事也是一種娛樂喔。

阿努阿公說：「以前布農族人最喜歡聽故事了，小孩會坐在長輩腳邊，聽著一個又一個神話傳說。」

莎妃阿嬤點頭，說：「原本在山上，家家戶戶都分散居住，所以小孩子都不能亂跑，其實沒有很多玩樂，大都是聽長輩說故事。」

「Cisuni mukuvaiv a hanianan, itu Bunun tu ispishasibang hai minsupahin, kahaitu makanin laupaku mapahainan mas abasing tu ispishasibang.」

「Haitu laupahadau tu Bunun siduh mais lusan Malahtangia hai, pinaizaun a manah busulkavi, mathuvias, makulut lukis, musasais ansahan mahusbu tu mazmaz, mapinaiza ispinaskal sia lusan cia.」

「隨著時間過去，布農族的娛樂跟遊戲也愈來愈多。現在很少玩以前的遊戲了。」

「不過現在布農族的射耳祭活動，都會設計射箭、陀螺、鋸木、負重接力活動，將趣味遊戲融入在祭典中喔。」

Malngingit a Puni tupa tu :「naiskaupincia ispishaiap, kanasia inam tu sinpatahu, adu mususin imu paliuni itu Bunun siduh tu kaihansaipan?」

Tupa Haisul tu :「adu maszang kamu zaku tu uhansaipan supah tu hansiap? Usizan a saikin maszang mas tastu palangan itu Bunun siduh tu isihumis.」

布妮微笑說：「我們介紹得差不多了，經過我們的導覽，大家有沒有更認識布農族了？」

海樹兒問：「大家有像我一樣學到很多知識嗎？我可是學到好多好多的布農族文化。」

Tupa Sai tu :「cisuni kaibahluan tu haimangsut at minvaivin a imita tu isihumis, supah maisihabasang tu isihumis hai palangkaduin mas naisuka tu kaipisingan, haitu maza maisihabas tu isihumisan hai kadimanun daingaz.」

賽思說：「隨著科技與網際網路的發展改變我們的生活，許多文化都面臨消失的危機，但傳統文化是無價之寶。」

Masus a hudas Savi mas halinga tu :「Taivan an hai aizan supah vaivivaivi siduh tu isihumis, kaupakaupa siduh hai aizan amin makitvaivi tu isihumis, asa tu pisialun mapalmaupa mapalaiza, asa kata tu ispasunusunu a Bunun siduh tu isihumis sausia maikikingna.」

莎妃阿嬤補充：「臺灣擁有豐富的多元文化，每個族群都有自己特色的文化，我們都要保護傳統生活，把布農文化跟接力賽一樣傳承下去。」

Pisuhdung a Haisul tupa tu :"uninang mamu muskun mazami sahal itu Bunun siduh tu isihumis."

"Uninang!" pisuhdung amin a Puni.

Aizang a hudas Anu, hudas Apimg, hudas Ibu, Sai, hudas Savi mas Sai, masiaupa kaupa tu bunun pisuhdung.

海樹兒鞠躬：「謝謝大家一路跟著我們認識布農族文化。」

「謝謝大家！」布妮也向大家鞠躬。

還有阿努阿公、阿炳阿嬤、伊布阿嬤、莎妃阿嬤、賽斯，大家一一跟大家鞠躬！

感謝與祝福

《Hi! Mihumisang 我們是布農族！》是一本布農族郡社群語及華語的雙語繪本。

創作這本繪本需要不斷的研究、寫作和設計，包含閱讀書籍、網路資源、文化機構提供的資訊、實地考察、收集故事和傳說、選擇合適的主題、專家協助等，確保提供正確的訊息和尊重布農族文化。感謝黃鈺惠女士協助故事的架構及畫風。

完成初稿後，為確保故事的真實性，我與布農族的族人和耆老交流，聆聽他們的經驗、故事和口述歷史，增進文化的真實性。感謝胡芸綾女士、邱錦香女士、邱桂英女士協助口述布農族傳統的飲食及服飾文化。感謝余長日耆老口述布農族的交通與娛樂方式。

在籌畫及創作《Hi! Mihumisang 我們是布農族！》時，非常榮幸獲得補助。感謝國藝會通過創作補助，讓我有經費進行創作。感謝原民會通過補助，讓我有經費出版。感謝武陵教會，讓我有機會進行繪本教學。感謝延平鄉公所，讓我有經費可以辦理繪本分享會。感謝布谷拉夫部落永續協會，讓我有場地可以辦理繪本分享會。

而能完成二兩月的繪本教學與繪本分享會，也是經過許多人的協助。感謝余恩賜先生協助與武陵教會的聯繫。感謝洪雅琳女士在繪本教學的輔助。感謝田淑惠老師帶領武陵國小合唱團在繪本分享會帶來精采的表演。感謝延平鄉余光雄鄉長響應繪本的發展。感謝馬嘉瑋先生不遺餘力的提供協助。感謝陳美芳課長協助核銷。

感謝在噴噴平臺長期贊助的林芳伃與 Pei Hsin Cheng。感謝贊助繪本出版的朋友們：江俊雄、余惠萍、胡育山、徐秀琴、鄭書宇、黃娢軒、洪瓊瑤、陳銘村、黃智、王志民、王勁蓉、李德榮、翁碧蓮、黃渝捷、林秀琪、邱靖絜、馬嘉瑋、臺灣寬霖關懷協會、人生便利貼發展協會。